BEI GRIN MACHT SICH IHR WISSEN BEZAHLT

AF156249

- Wir veröffentlichen Ihre Hausarbeit, Bachelor- und Masterarbeit

- Ihr eigenes eBook und Buch - weltweit in allen wichtigen Shops

- Verdienen Sie an jedem Verkauf

Jetzt bei www.GRIN.com hochladen und kostenlos publizieren

Bibliografische Information der Deutschen Nationalbibliothek:

Die Deutsche Bibliothek verzeichnet diese Publikation in der Deutschen National-
bibliografie; detaillierte bibliografische Daten sind im Internet über http://dnb.d-
nb.de/ abrufbar.

Impressum:

Copyright © 2008 GRIN Verlag, Open Publishing GmbH
Druck und Bindung: Books on Demand GmbH, Norderstedt Germany
ISBN: 978-3-668-02130-3

Dieses Buch bei GRIN:

http://www.grin.com/de/e-book/302919/das-nibelungenlied-und-die-mittelhoch-
deutsche-heldenepik

Rebecca Schwarz

Das Nibelungenlied und die mittelhochdeutsche Heldenepik

Lernzusammenfassung

GRIN Verlag

Das Nibelungenlied

Die Heldensage

Die Heldensage ist nur ein Teilbereich der Sage. Die Wurzeln der Heldensage, liegen in der Geschichte.

Wurzeln: Die Heldensage ist definiert nach dem 'heroic age'. Dies ist ein wichtiger Bestandteil der Sage. Dennoch sind Sagen keine Geschichtsdichtungen! Im Zuge der Sagenbildung werden historische Ereignisse umgewandelt und nahezu unkenntlich gemacht. Heldensagen zu vergleichen ist ein grundlegender Mechanismus des Sagenbildungsprozesses:

Reduktion und Privatisierung: Historische Ereignisse werden auf private Konflikte reduziert und auf elementare menschliche Aspekte, wie etwa Wut und Hass. Probleme einzelner Personen stehen im Vordergrund.

Assimilation: Erzählt werden Sagen in 'Mustern', wie etwa der Brautwerbung und Rachehandlungen. Es gibt feste gattungsübergreifende wirksame Rollen (z.B. schwache Könige, Heimkehrer, Rächer...). Die biographische Topik ist das Heldenlebenschema. Andere Stereotypen sind etwa ungewöhnliche Geburten, gefährdete Jugend, Abenteuer usw.

Synchronisation: Historische Zeiten verschmilzen in der erschaffenen Heldenzeit. Epische und historische Überlieferungsstränge treten auseinander. Es entstehen Indifferenzen. Die Abfolge der Zeiten, die der Geschichtsschreibung entspricht, gerät in manchen Fällen durcheinander.

Integration / Zyklus: Stoffliche Bereiche aus dem Gesamtbereich der Heldensage wachsen durch Personen und Plätze zu einem Zyklus zusammen. Es sind zyklushafte Aneinanderreihungen der Sagen. Es entstehen Sprossfabeln, durch die die heroische Welt aufgebaut und differenziert wird.

Der Mythos: Er wird sekularisiert und neu aufgefüllt mit Materialien aus der Geschichte und Literatur.

1.2 'Oral Poetry'

1. Oral Poetry und oral-formulaic composition: Vom Feldversuch zum Paradigma

Oral Poetry ist mündlich entstanden ohne irgendeine schriftliche Form, es können Dichtungen, Märchen oder Sprichwörter sein, die von der Schrift gelöst sind.

Kennzeichen:

- gebundene Rede
- Die Parataxe dominiert, also wenige Nebensätze
- Häufiger Einsatz fast identischer Formen
- Vorausdeutungen und Rückblenden für den roten Faden des Erzählers und des Publikums

All diese Merkmale können schriftlich literarisch nachgeahmt werden. Dann handelt es sich nicht um oral poetry sondern um inszenierte Mündlichkeit.

2. **Das Nibelungenlied als mündlicher Epos? Eine Analyse der 1. Strophe (A, C)**

Uns ist in alten maeren	wunders vil geseit
von helden lobebaeren	von grôzer arebeit
von fröiden, hochgezîten	von weinen und von klagen
von küener recken strîten	muget ir nû wunder hoeren sagen.

Uns: Der Erzähler spricht als Kollektiv, in dem er selbst mit aufgeht. Er tritt nicht als Einzelperson auf, sondern schließt sich ein.

Alten maeren: alte Kunden / Nachrichten: Historische Distanz zum Stoff, der keine schriftliche Quelle hat.

wunders: wunderbares / erstaunliches

geseit: mündliche Überlieferungen

helden / recken: veraltete Begriffe

fröiden: höfische Epik, top-aktuelle Signalworte

Das Nibelungenlied steht zum althistorischen Stoff und zur höfischen Tradition. Eine zeitgemäße Gestaltung wird angestrebt. Der Gegensatz von alt und neu setzt sich weiter fort. Es sind ständige Gegenstatzpaare (fröiden / weinen).

hoeren sagen: Mündliche Überlieferung gepaart mit dem aktuellen Vortrag. Es ist inszenierte Mündlichkeit. Der Dichter verladet Mittel der Mündlichkeit ins Schriftliche um die Mündlichkeit zu inszenieren.

1.3 Heldendichtung im Frühmittelalter: Zeugnisse und Hypothesen

Es gibt Quellenprobleme um Frühmittelalter. Dies ist kein Zufall sondern die Folge einer hohen Verlustrate, bedingt durch den Abbruch mündlicher Traditionen. Die Texte waren nicht zur Schriftlichkeit geeignet. Es sind jedoch Sagen in altenglischer / altnordischer Sprache überliefert und uralte Heldenlieder wurden im vollen Maß der Hypothetik rekonstruiert. Die Existenz heroischer Stoffe ist zwar überliefert, jedoch nicht das gesamte Ausmaß. Die Existenz von Vorstufen ist klar, jedoch nicht überliefert. Dennoch muss man sich damit beschäftigen.

Für das Fortleben der Stoffe weit über das Mittelalter hinaus gibt es viele Belege:

"Repertoirstrophe des Marner": Rede von Kriemhilts Verrat, ganz unabhängig erwähnt im 13. Jahrhundert.

Vorschriftliche/mündliche Heldendichtung: Im niederdeutschen Raum waren die Sagen weit verbreitet. In Süddeutschland bestätigt die Klage das gleiche, alt und jung würden die Nibelungen-Geschichte kennen. Das Anno-Lied berichtet vom Untergang mächtiger Reiche, vom Bruch mit Traditionen. Der Autor der 'Kaiserchronik' befürchtet, dass durch diese Texte die historische Wahrheit verloren gehen.

Ein Bischof um 1060 hielt die Kirchenväter für langweiliger als den Nibelungen-Stoff.

Stoffe: Wolfgang Haubriechs

Fabel von der Verletzung und Wiederherstellung der Ordnung. Thema ist Rache.

Fabel um die Kämpfe mit Ungeheuren und Andersweltwesen.

Fabel mit tragischer oder versöhnlicher Inszenierung von Wertkonflikten.

Gemeinsam all diesen drei Klassen von Heldendichtungsstoffen: Zug zur Außergewöhnlichkeit. (des Ungeheures, der Rechtsverletzung und der Rächung von dieser, die raffinierte Zuspitzung von Wertkonflikten)

1.4 Das Hildebrandslied

Ältestes überliefertes Zeugnis deutscher Heldendichtung.

Charakteristik: ungewöhnliche Vokalität in diesem Text ergibt sich aus:

– Die Langzeile und der germanische Stabreim

Grundform: ´x´x / ´x (Alliterationen bilden den Vers)

– Kenningar (epische Umschreibung)

guth hamun 'Kampfgewand' für Rüstung, ask 'Esche' für Speer

Diese Umschreibungen sind für die Heldendichtung an sich sehr charakteristisch.

– Paarformeln, z.B. alte anti frote, sumaro enti wintero

– Übergewicht des Dialogs

Auch unvermittelte Übergänge zwischen Erzähler- und direkter Rede: hwer sin fater wari /'eddo hwelihhes cnuosles du sis.

Der Text bietet viele philologische Fragen und nur wenige Antworten

Vom Hunnenland nach Bern und Raben, der stoffgeschichtliche Hintergrund.
Die Niederschrift fand in den 830er Jahren im Kloster Fulda statt. Die Handschrift wurde über Jahrhunderte vergessen bis sie 1812 durch die Brüder Grimm in Kassel wieder entdeckt und editiert wurde. 1945 wurde die Handschrift als Beutegut in die USA verschleppt, 1954 gelangte die Handschrift nach Kassel zurück, jedoch fehlt die erste Seite. 1972 tauchte die zweite Seite wieder auf und wurde mit der Gesamthandschrift wieder vereint.

Inhalt: Zwei bewaffnete Krieger mit zwei Heere treffen aufeinander. Sie begegnen sich öffentlich und sind die Gefolgsleute von zwei Todfeinden. Die Vorgeschichte der Krieger bleiben bis zuletzt offen. Man kennt ihre Rolle nicht. Hildebrands Frage nach der Sippenzugehörigkeit eröffnet den dialogischen Hauptteil. Hadubrand ist der Sohn Hildebrand, der 30 Jahre früher außer Landes geflohen ist. Hildebrand weiß damit, wen er vor sich hat und versucht sich auszuweisen. Hadubrand reagiert herausfordernd und beleidigend, da er eine List dahinter sieht. Sie stellen sich im Kampf, auf dem Höhepunkt bricht der Text ab.

Man glaubt dennoch zu wissen, wie der Kampf ausgegangen ist: Hildebrand wird seinen Sohn töten und sein Geschlecht auslöschen. Die Quellen stimmen darin überein. Es gibt jedoch auch Quellen, von gegenseitigem Erkennen und gemeinsamer Heimkehr reden und nicht von dem blutigen Sohnesmord, diese Quellen sind jedoch selten.

Der Sänger las nicht, sondern er hörte berichten, dass sich die beiden Krieger einst trafen. Er begründet sich hiermit auf historisches Geschehen. Dass der Text je auf Pergament gelangte ist purer Zufall. Das Hildebrands-Lied lebte in der Mündlichkeit, und auch nach der Niederschrift lebte es so weiter. Das Hildebrands-Lied ist Teil der Dietrich-Saga.

Für die Deutung und Verständnis des Liedes muss man den Text angesichts der Zeit und des Ortes seiner Niederschrift betrachten.

Die Heidnisch-germanische Tragik: Tragisch im Lied ist die Ausweglosigkeit, vor allem Hildebrands Konflikt zwischen Kriegerehre und Vaterliebe. Mit dem unausweichlichen Kampf vergeht sich der Vater wissentlich am Sohn und zerstört seine Sippe. Ab Vers 17 weiß Hildebrand um die Identität seines Sohnes. Durch seine Flucht aus der Heimat hatte Hildebrand seine Familie allen Nöten ausgesetzt. Seine Vorwürfe gegen den Sohn laufen damit ins Leere. Um jedes Anzeichen von Feigheit zu vermeiden deutet Hildebrand seine Vaterschaft an. Zum Pfand seiner Freundschaft bietet er dem Sohn einen edlen Ring an. Hadubrand geht darauf nicht ein, sein Vater sei längst tot. Die tragische Ironie nimmt hier ihren Höhepunkt. Hadubrand kann nicht damit rechnen, dass sein Vater noch lebt. Ein Planspiel misslingender Kommunikation. Eindeutig sind die Folgen des unausweichlichen Kampfes.

Die Rolle des Christentums: Trotz des tragischen Bewusstseins und aller Zweifel zögert der Held des Hildebrands-Lied auch hier nicht, selbst wenn dadurch der eigene Sohn ermordet wird Hildebrand kann keinen Lohn und keine Verzeihung erwarten, auch kein christlichen Jenseits. Er muss den höchsten Preis bezahlen, den ein aristokratischer Held bezahlen kann: Den Verlust seiner Sippe. Die Geschichten der Sippe gehen mit Hadubrand unter. Hildebrand vernichtet dadurch alles, seinen Ruf und den Galanten seiner Memoria. Dies ist tragisch, da alles von Anfang an unlösbar war. Dies besteht jedoch nur für Hildebrand und somit besteht auch nur die Tragik für ihn. Bei Hadubrand ist seine Blindheit nicht ausweglos und somit auch nicht tragisch. Dies gelte auch, wenn der Kampf anders ausging und Hadubrand seine Vater töten würde und nachträglich davon erfahren würde. Hadubrand hat einen Ausweg: er könnte den Ring annehmen und dem Kampf aus dem Weg gehen. Er hat jedoch seine Entscheidung gefällt. Hadubrand wird durch die Schuld Hildebrands entlastet, der 30 Jahre lang nicht seinen Pflichten nachgekommen war.

Die Welt des Hildebrands-Lied ist anders, als die Welt des Nibelungenlieds. Es gibt keine Frauen. Im Hildebrands-Lied wird nur eine Frau erwähnt, diese tritt jedoch nicht auf. Es wird auch nicht klar, ob sie überhaupt noch am Leben ist. Nicht sie klärt Hadubrand über ihren Vater auf, sondern Fremde aus der Ferne. Ihre Sippenherkunft sind für Hadubrands Identität irrelevant. Die Sippe des Vaters konstituiert die Identität des Einzelnen sowie die Position in seiner Gesellschaft. Der Einzelne verschwindet ganz unter der Autorität seiner Ahnenschaft.

Gottesbild des Hildebrandslied: 19.05.2008

Das Hildebrandslied enthält Gottesanrufungen von Hildebrand an einen christlichen und an einen monotheistischen Gott. Diese Anrufungen gehörten schon immer zum Text. Doch welcher „waltende" Gott tritt im Lied auf? Gott tritt als ungerührter Zuschauer hinter das autonome Geschick. Das Schicksal behält die Oberhand. Religiöse Werte und Maxime müssen über Erde und

Kampf hinaus weisen, tun es in dem Lied aber nicht. Im Hildebrandslied findet sich kein christlicher Ethos, kein Himmelsparadies.

Wozu gibt es dann die Niederschrift? Im 9. Jahrhundert hatte sich die fränkisch-christliche Reichskultur etabliert und das Benediktinerkloser in Fulda war der Ort der Niederschrift und gleichzeitig Kern dieser Reichskultur. Wieso schrieben die Mönche dennoch das heidnische Lied nieder? Beweisbar ist nichts. Möglich scheinen Interessen an uralten heidnischen Liedern. Völlig kompatibel mit spezifischen christlichen Interessen und moral-didaktische Warnungen. Die Moral: Die Irdische Werte heroischer Existenz kann nur schuldhaft und tödlich enden. Überlieferungsdefizite machen eine letztendliche Entscheidung unmöglich. Es gibt auch eine kulturpolitisch-memoriale Erklärung, nämlich die Rettung des Hildebrandslieds in die Schriftlichkeit.

Spätere Rezipienten zogen einen Schlussstrich unter tragisch tödlichen Ernst des Hildebrandlieds. Daher geht es im Jüngeren Hildebrandslied gut aus:

Das 'Jüngere Hildebrandslied', 15.Jh.

Hildebrand weiß schon vorher, dass er auf seinen Sohn treffen wird. Innerhalb des Kampfes kommt er zur Erkennungszene, kämpferisch erweist sich der Vater zunächst als überlegen. Vater und Sohn schliessen sich in die Arme. Es folgt danach die Heimkehr zur Mutter, die hier stofflich zum ersten Mal auftaucht.

1.5 Die Kohärenz mhd. Heldenepik und ihr Status als heroische Dichtungen

Stoff- und Textfeld:

- Burgundischer und Siegfried-Stoffkreis: Nibelungenlied und Klage
- Hildestoff: Kudurn
- Waltherstoff: Waltharius
- Dietrichstoffkreis: Thidrekssaga
- Synthesen und Anderes: Rosengarten

In wie weit gehören diese Texte und Werke die sie vertreten innerlich zusammen und wie weit ist die gemeinsame Gattenbezeichnung 'Heldenepik' berechtigt?

Pro: 1. Es ist sinnvoll davon zu sprechen. Die Bezeichnung und Zuordnung als dieser Werke ist legitim (aus heutiger und mittelalterlicher Sicht). Es liegt ein klarer stofflicher Bezug vor. Inhalte sind Ereignisse aus dem germanischen „heroic age", die Gestalten sind in einer hermetisch geschlossenen Welt und es gibt eine strikte Abgrenzung von anderen epischen Repertoirs.

2. Zetgenössiches Überleifeurngsindiiz: Seit dem 13 Jahrhundert gibt Sammelhandschriften mit heldenepischen Stoffen, nur Texte aus diesen Stoffkreisen sind in ihnen präsent. Die mhd. Helednepik wurde somit bereits im 13. Jahrhundert in ihrer Rezeption als eigenständiges Genre begriffen.

Contra: Die mhd. Heldenepen nehmen gegenüber dem, was man in interbaterialen Forschung heroic poetry nennt eine Sonderstellung ein: germanische Heldenlieper sind nur im althochdeutschen Hildebrandlies enthalten, die Rekonstruktion kann man nicht als Heldenepik bezeichnen. Man weiß aber über Sekundärzeugnisse, dass diese Stoffe auch in Deutschland bekannt waren. Inzwischen ist die ursprünglich mündlich tradierte Gattung zum Buchepos geworden, schon Nibelungenlied zeigt, wie sehr dieses romanhafte Züge integriert. Man muss ganz klar sagen, dass sich im Zuge der Literarisierung die Heldenepik veränderte.

Deutsche Dichtungen:

Frühe tragisch heroische Problemdichtung: Hildebrandlies, Nibelungenlied

Unbeschwert fabulöse Unterhaltungsdichtung: Alles andere

1.6 Gattungsmerkmale der Heldenepik im Kontext höfischer Dichtung um 1200

höfischer Epos	höfischer Roman
– Stellt totale Welt dar, Menschen repräsentieren Typen, die sich nicht entwickeln.	- Personalisierung, Privatisierung des Geschehens
Geschlossene Welt, die das Leben des in er ihr Eingeschlossenen absolut bestimmt	- Reine Handlungs- und Refelxionsebene Held sucht nach der eigenen Identität, muss sie sich erst erwerben.

- Germanisches heroic age (Völkerwanderung)

- **prinzipielle Anonymität** (=Gattungsimanent, keine Autorennamen) Warum? Funktion und Selbstverständnis des Autors ist anders als beim Roman. Der Autor sah sich als Traditor, als Übermittler, Träger einer vorgegebenen Tradition. Er präsentierte, was in der Mündlichkeit bereits bekannt war.

- **strophische Form** (mit Ausnahmen) (=Langzeilenstrophe, möglicherweise aus liedhaften Vorstufen übernommen und mit Nibelungenlied eingeführt. Es heisst, dass diese Dichtung sangbar war und gesungen wurde. Das ist der Unterschiede zum höfischen Roman. Diese wurden vorgelesen. Die Melodie ist nicht erhalten.)

- **Mischvokabular aus archaischen und höfischen Komponenten** (Uralte Vokabular der Vorlagen mit neuem höfischen Vokabular. Wortschatz der Heldenepik geringer, doch darin liegt ästhetische Wirkung).

- **Block- und formelhafter Stil, 'einschichtiges' Erzählen** (einschichtiges Erzählen: erzählt nur Handlung, keine Innensicht und keine Figurenreflexion; Mangel an rhetorischem Schmuck: Vor allem Gesten und Gebärden spielen große Rolle; Es wird nicht alles ausgesprochen; Stil ist vorwiegend parataktisch; Bewusste grammatische Fehler in Texten; Unvermittelte Übergänge von direkter in indirekte Rede; Charakeristische Neigung alles (besonders Kampfleistungen) krotesk herauszustellen.

Umstrittene Stoffherkunft bei Kudrun und Wolfdietrich.

II. Begründung einer neuen Gattung: Nibelungenlied (um 1200)   26.05.08

Die meisten gehen bei der Originalfassung von Fassung B aus. Zur Forschung eignet sich nur eine synoptische Ausgabe, in der die wichtigsten Fassungen parallel nebeneinander stehen.

Teil 1: Sifrit

a. Jungsifrit, Sifrits Werbung um Kriemhilt (av. 1-5)

Die Sippen von Siegfried und Kriemhild werden vorgestellt. Siegfrieds Herausforderung vom kampf wird abgelehnt, indem man ihn Kriemhild in Aussucht stellt. Siegfried besiegt die Sachsen und darf seine Zukünftige sehen.

b. Werbung um Brünhild (av. 6-11)

Gunther wirbt um Brünhild und bittet Siegfried um Hilfe. Siegfried stellt sich daraufhin in Island als

Untergebenen vor, was letzten Endes zu seinem Tod führt. Siegfried gewinnt einen Dreikampf und es folgt die Doppelhochzeit in Worms. Schon hier fragt Brünhild, warum Kriemhild einen Untergebenen heiraten muss. In der Hochzeitsnacht widersetzt sich Brunhild. In der darauf folgenden Nacht überwältigt Gunther seine Braut mit Hilfe von Siegfried. Dieser nimmt den Gürtel und den Ring der Unterworfenen an sich und schenkt sie Kriemhild. Sie und Siegfried kehren nach Xanten zurück und in den nächsten zehn Jahren wird in beiden Höfen ein Sohn geboren.

c. Sifrits Ermordung (av. 12-18)

Brünhild denkt immer noch, Siegfried sei ein Untergebener und lädt das Ehepaar zu sich ein um herauszufinden, warum die Abgaben ausbleiben. Am 12. Tag nach der Aknunft streiten sich die beiden Königinnen. Brünhild beschimpft Kriemhild als Leibeigene woraufhin diese sie bloß stellt und behauptet, Siegfried habe ihre Jungfräulichkeit gestohlen. Brünhild fühlt sich in ihrer Ehre verletzt. Sie gewinnt Hagen und ihren Mann für einen Mordanschlag auf Siegfried. Kriemhild verrät unwissentlich den Schwachpunkt ihres Mannes: Sie stickt sogar ein Kreuz auf diese Stelle. Während einer Jagd tötet Hagen Siegfried. Sen Leichnam wird vor Kriemhilds Tür abgelegt, welche sofort ahnt, wer dafür verantwortlich ist. Kriemhild trauert drei Jahre. Während dieser Zeit bringt Hagen den Schatz nach Worms und versenkt ihn im Rhein. In den nächsten 9 Jahren reift Kriemhilds Rachelust weiter an.

Teil 2: Burgundenuntergang

a. Etzels Werbung um Kriemhild (av. 20-23)

Etzel wirbt um Kriemhild. Sie ist zuerst abgeneigt stimmt jedoch zu, als Rüdiger verspricht alles Leid, das ihr je angetan wurde, zu rächen. Er wird zu ihrem Werkzeug. Hagen rät von der Heirat ab, da er erkennt, welche Probleme eintreten können wenn Kriemhild einen so mächtigen König heiratet. Die Liebe zwischen den Eheleuten und die Hochzeitsnacht wird völlig außer Acht gelassen. Kriemhild bringt einen Sohn, Ortlieb zur Welt, und wohnt von nun an in Ungarn. Nach 13 Jahren kann Kriemhild ihren Racheplan in die Tat umsetzen: Etzel verspricht ihr, die Brüder und Hagen einzuladen.

b. Zug der Nibelungen ins Hunnenland (av. 24-27)   **02.06.2008**

Hagen und sein Gefolge der Burgunden erhalten zwei Warnungen, die sie auf dem Weg zu Kriemhilts Hof vor deren Rache warnen. In Worms werden die Burgunden festlich empfangen und durch eine Hochzeit begeht Hagen ein wohll kalkulierten Schachzug.

<u>Der dritte Abschnitt des zweiten Teil des Nibelungenliedes handelt vom Endkampf</u>

Dieser Untergang gliedert sich in drei Tage:

1. Tag: Empfang der Gäste

2. Tag: Gemetzel

3. Tag: Das Ende

Der 1. Tag: In Etzelburg vollzieht sich das Schicksal in einem Zeitraffer von 2 Tagen und 3 Nächten. Das Geschehen spielt auf einer vollen Bühne. Die Burgunden werden durch Etzels Vasallen eingeholt und Dietrich von Bern ist der zweite, der vor der rachsüchtigen Kriemhilt warnt. Diese Warnung wird zur Kenntnis genommen aber nicht genutzt. Man zieht weiter und kommt am Hof an.

Bei der Ankunft an Kriemhilts Hof begrüßt diese nicht alle ihre Verwandten. Die Verweigerung des Grußes bedeutet Feindschaft. Hagen reagiert mit einer provokanten Geste: er bindet sich den Helm fester. Er reagiert nicht, er antwortet nicht, er reagiert nur mit einem Griff. Es sind diese non-verbalen Signale die in heroischen Epiken mehr aussagen als Reden. Kriemhilt fragt, ob er ihr nicht etwas mitgebracht hatte, worauf er auf die schweren Waffen verweist und erklärt,, dass er gar nichts mehr hätte mitbringen können. Kriemhilt geht schweigend davon. Sie reagiert auch nicht mit Worten, als Dietrich sich als den Verräter und Mörder Preis gibt. Hagen zeigt sich somit ganz offen als den Mörder Siegfrieds, indem er dessen Schwert Balmung anlegt. Kriemhilt befiehlt in der folgenden Nacht, mit den Burgunden aufzuräumen und sie zu ermorden. Die Hunnen wagen es aber nicht, da sie in Angst sind, und ziehen sich zurück. Nach einem großen Festmahl hält Hagen Nachtwache um einen Angriff zu vereiteln. Sie verhindern damit auch einen Mordanschlag.

Der 2. Tag: Man besuchte zunächst die Frühmesse. Die Hunnen aus Gastfreundschaft mit den christlichen Burgunden. Gegen jede Tradition erscheinen die Hunnen in Waffen. Im anschließenden Turnier ersticht Volker mutwillig einen Hunnen. Kriemhilt arbeitet währenddessen an ihrem Rachewunsch. Mitten im Festmahl lässt sie ihren Sohn hereinbringen. Hagen bezeichnet ihn als einen zum Tode geweihten. Während die Herren tafeln wird die burgundische Mannschaft überfallen und getötet. Nur ein einziger überlebt, ihm gelingt es noch zum Königssaal zu fliehen und meldet dort Hagen das Geschehene. Dann bricht er zusammen. Hagen schlägt dem kleinen Sohn den Kopf ab. Etzel ist nun zur Rache verpflichtet. Kriemhilt hatte somit von Anfang an ihren Sohn zum Opfer bestimmt. Das Festmahl endet in einer beispiellosen Schlächterei, das den Rest des Epos durchzieht. 7000 Hunnen werden im Saal erschlagen. Die Burgunden werfen die Leichen aus dem Saal heraus, Volker verhöhnt die von außen zuschauenden Hunnen. Kriemhilt setzt ein Kopfgeld auf Hagen au, alle die es wollen werden 'verheizt'. Empört weißen die Könige die Bedingung zurück, Hagen auszuliefern. Kriemhilt lässt den Saal anzünden.

Der 3. Tag: Rüdiger kommt in Vemittlungsabsicht an den Hof. Etzel ermahnt ihn, seiner Lehenpflicht nachzukommen und Kriemhilt erinnert ihn an den einst geleisteten Eid in Worms. Rüdiger weist auf seine Bindung an die Burgunden durch Freundschaft und das Verlöbnis von seiner Tochter hin. Im Loyalitätskonflikt folgt er der Vasallenpflicht und geht in den Saal. Es folgt die Schildtauchszene, er hält sich dafür aus dem Kampf mit Rüdiger heraus. Alle Männer Rüdigers fallen. Erst als Rüdigers Leichnam aus dem Saal gehalten wird, schickt Etzel seine eigenen Leute in den Saal, um von den letzten Burgunden Rüdigers Leiche zu erbitten. Die aggressive Reaktion führt dazu, dass auch diese Schar in den Kampf eingreift und vernichtet wird. Nun erst greift Dietrich persönlich ein, er besiegt Hagen, dann Gunther. Er übergibt beide an Kriemhilt. Sie hat nun, was sie wollte. Gunther wird nun geopfert, da er als der letzte der Könige noch lebt. Kriemhilt präsentiert Hagen das Haupt Gunthers. Den Schatz wisse nun niemand mehr außer Gott und Hagen, und er solle nun für ewig verborgen bleiben. Kriemhilt köpft Hagen mit Balmung. Dies ist eine Tat, die einer Frau nicht ansteht. Etzel ist entsetzt, vor allem Hildebrand ist empört. Er ersticht Kriemhilt und schneidet sie zuletzt in Stücke.

2.1 Entstehungszeit und -ort

post-quem: ~1190, das NL wird in einer Handschrift, die um diese Zeit verfasst wurde, zum ersten Mal unabhängig erwähnt.

Ante-quem: Wegen dem Parzival 1203 und wegen dem Fragment Z, das als ältestes gilt und zwischen dem Ende des 12. Jh. und zu Anfang des 13. Jh. datiert wird.

Das Nibelungenlied stammt aus der Zeit um 1200. Eines der markanten Merkmale vormodernen Literatur ist das Problem ihrer zeitlichen und räumlichen Verortung. Paratexte, wie Vorworte, gibt es im Handschriften-Zeitalter noch nicht. Es ist somit ein Indizienverfahren notwendig. Für die Datierung muss ein zeitlicher Korridor (terminus) gefunden werden, für den frühest-möglichen (post-quem) Zeitpunkt der Entstehung und den spät-möglichsten (ante-quem) Zeitpunkt der Entstehung. Solche Indizien gibt es auch im Nibelungenlied.

<u>Zeitbestimmung mittelalterlicher Werke:</u>

- Man schaut sich die Schrift genau an. Sie ändert sich historisch,wodurch man sie einordnen kann.
- Wenn man es mit Papierhandschriften zu tun hat, hat man zur Datierung der Schrift auch die Möglichkeit des Wasserzeichens. Es gibt Wasserzeichen-Kataloge, die man so datieren und zuordnen (lokalisieren) kann.

Beide Methoden lassen nur den Ort und die Zeit der Handschrift klar werden und nicht den Zeit und Ort der älteren Texte. Man erfährt nicht, wann ein Text gedichtet wurde.

- **Der Dialekt:** Der hinter dem Schreibdialekt stehende Dichter-Dialekt, der noch zu erkennen ist. Wenn der Dichter weit herum gekommen ist, kann man dennoch davon ausgehen, dass er einen Dialekt benutzt, der seinem Publikum nahe kommt.
- Wenn man den **Gönner** kennt, kennt man den Ort, die Zeit und die Intentionen der Abfassung. Jedoch verraten nicht alle Texte den Gönner.
- Markante **Ortsnennungen und Ortskenntnisse**: Wenn ein Dichter sich an einem Ort gut auskennt, ist davon auszugehen dass er auch diesen Ort persönlich gut kannte.
- **Zeitmarken** können durch historische Anspielungen gegeben sein.
- **Intertextuelle Bezüge** können vorliegen: Ältere Dichter/Werke könne im Text genannt sein.
- **Zitate** aus anderen Werken.
- **Literarische Technik:** Sie ändert sich und diese Änderung kann datierungsrelevant sein.

<u>Zeitindizien für das Nibelungenlied:</u>

09.06.2008

2.2.1 Historische Anknüpfungspunkte und Quellen

<u>Heldenepik:</u> Dies ist eine Überlieferung aus einer fernen Vergangenheit, die nach wie vor relevant ist. Die Dichter treten also anonym hinter ihr Werk zurück. Es ist daher zwingend, auf die Stoffgeschichte einzugehen.

Heldendichtung ist historische Dichtung und enthält somit einen historischen Kern. Allerdings sind die zugrunde liegenden historischen Gründe nahezu bis zur Unkenntlichkeit verformt worden. Das faszinierende des Nibelungenstoffs ist, dass um 1200 in Island und in Deutschland schriftlich-poetische Formungen dieses Stoffes auftreten. Also etwa 700 Jahre nach den Stoff-begründenden-Ereignissen. Der Stoff im Nibelungenlied wurden bis zu acht Jahrhunderte lang mündlich tradiert, ohne dass sie schriftliche Spuren hinterlassen hätten

Was ist das für ein Stoff im Nibelungenlied und welche Teilstoffe vereinigen sich darin?

In der kontinental Germanie, also Island, Norwegen, Schweden, Dänemark lassen sich vier Stoffgruppen erkennen, die unterschiedlich verwirklicht wurden. Siegfrieds Jugend, Siegfrieds Tot, der Burgunden Untergang, sowie Attilas Ende.

Im Nibelungenlied spielen nur beide mittleren Stoffe eine rolle. Attilas Tot fehlt ganz. In der nordischen Tradition bilden Attilas Tot und der Untergang eine Einheit.

Die Stoffgruppen:

<u>Figur Siegfried und Brünhilde:</u>

Historisches:Die Königin Brunichildis trieb ihrem Mann Sigibert von Austrien zum Krieg gegen seinen Bruder, weil dieser zuvor seine Frau, die Schwester Brunichildis, ermordet hatte. 575 wurde Sigibert selbst Opfer des Krieges, denn die andere Seite rächte und ermordete ihn. Für ihre Kinder und Enkel regierte nun Brunichildis fast 4 Jahrzehnte lang das austrische Reich, bis sie gestürzt und gevierteilt wurde. Das ist historisch verbürgt.

Dies ist das stoffliche Substrat, das vor allem im 1. Teil des Nibelungenliedes der Merowinger als Rohmaterial inspiriert. Jedoch ist Brunichildis Figur nur zu Anfang ähnlich zu Brunhilde, am Ende wird Brunichildis mehr zur Vorlage von Kriemhilt verwendet.

<u>These:</u> Im Nibelungenlied ist alles mythisch und hat keine geschichtlichen Grundlagen:

Alle nicht merowingischen Theorien sind reine Spekulationen für die nichts spricht. Die merowingische These hat wenigstens etwas Indizien, wie zum Beispiel die Namen und die Grausamkeit.

<u>Der 2. Teil des Nibelungenlieds: Der Burgunden Untergang</u>

Dies ist ein historisches Ereignis, das sich in der Geschichtsschreibung immer wieder findet, da es traumatisch und abschreckend wirkte. Die Burgunden wanderten irgendwann im 4. Jahrhundert Richtung Rhein. Worms als Hauptstadt ist jedoch in keiner historischen Quelle zu finden. Alleine der Nibelungenstoff kann diese Plausibilität schaffen.

Der Versuch der Burgunden ihr Reich ins römische Reich hinein auszudehnen, endet in einer Katastrophe. Der Versuch scheitert und der König fällz mit dem Großteil seines Volkes. Der überlebende Rest wird umgesiedelt. Wichtig hierbei ist König Gundaha und die hinnischen

Hilfsgruppen. Ein Stammesrecht der Burgunden nennt in einer List der Vorgänger folgende Namen: Gundaharius (Gunther), Golomaris (Gernod), Gislaharius (Giselherr) und Gibika. Dies sind ganz klar verbürgte Namenskonstellationen. Die Namen und der Untergang stimmen also. Was jedoch ohne historische Wurzeln bleibt: Hagen, Rüdiger, Hildebrand.

König Attila/Etzel; König der Hunnen

Es ist historisch belegt, dass Attila seit der Ermordung seines Bruder der Alleinherrscher des Reitervolks der Hunnen war, von den Jahren 434-453. Er war damit ein Zeitgenosse der römisch-burgundischen Krieges, war jedoch nicht beteiligt. Um seinen unkrigierischen Tot im Bett mit einer Germanenprinzessin gibt es viele verschiedene Auslegungen.

Theoderich der Große/Dietrich von Bern, 493-562

Er ist der Held eienr eigenständigen Dietrich Sage, die im Nibelungenlied nur hereingeholt wurd und auch unabhängig vom Nibelungenlied-Stoff existiert. Theoderich beherrschte das Königreich Oberitalien, er lebte zwei Generationen nach Grunderhan und nach Attilas Tod. Er ist als Sieger und Mörder überliefert.

Fazit: Es gibt viele extrem widersprüchliche Anknüpfungen an die Geschichte des frühen Mittelalters. Wie in allen Fällen immer wieder festgestellt werden muss, werfen diese Punkte mehr Fragen zu Motiven und Vorgängen der Umdeutung auf, als dass sie etwas bewantworten und erklären würden.

2.2.2 Nibelungische Stoffgeschichte: die nordischen Quellen

Runensteine sind Zeugnisse des Nibelungen- und des Dietrichstoffs. Die Stoffgeschichte des Nibelungenlieds wäre in einer Nibelungenvorlage vor 20 Jahren nicht einmal vorgekommen. Vor 20 Jahren war man der Stoffgeschichte überdrüssig. Wenn man nur am Nibelungenlied interessiert ist, braucht einen nicht zu interessieren was auf Runensteinen und in der Edda steht. Die Stoffgeschichte beherrschte bis in 50er und 60er Jahre die gesamte ältere Vorschung. Man war nur an der Vorgeschichte interessiert. Danach rückte die Stoffgeschichte exklusiv ins Zentrum, so dass das Nibelungenlied nicht mehr interessierte.

1. Die nibelungische Stoffgeschichte:

Die Germanie ist das Gebiet, in dem germanische Sprachen gesprochen werden: Grönland, Island, Ferrör Inseln, Britische Inseln, Skandinavische Halbinsel, Schweden, Norwegen, Dänemark, sowie der deutsche Sprachraum. In all diesen Bereichen gibt es die nibelungische Stofftradition. Es gibt keine eingenständige englische Dichtung zum Nibelungenstoff. In Deutschland ist die Nibelungendichtung vor dem Nibelungenlied sekundär bezeugt, es gibt aber keine Überliferung. Die ältesten Überlieferungen stammen aus dem skandinavischen Norden. Die nordische Nibelungentradition kennt alle vier Einzelstoffe.

2. Schriftquellen:

Lieder-Edda: Überliefert sind 16 Götterlieder und rund 24 Heldenlieder. Im Bereich der Heldenlieder gibt es inhaltliche Überschneidungen zwischen den Liedern. Helden werden aneinander angesippt. Im Prinzip handelt es sich um religiöse Wissensvermittlung über die Götter. In der Völuspá wird die Entstehung der Welt aus dem nichts geschildert, so wie die Endzeit der Welt. Der Quellenwert der Lieder-Edda für das Nibelungenlied ist enorm. Die Versionen und die Texte selbst sind viel älter und ursprünglicher als das Nibelungenlied selbst. Die Charaktere werden viel detaillierter dargestellt. Die altnordischen Namen weichen - mit einer Ausnahme - nur lautlich von den Namen des Nibelungenlieds ab. Kriemhilt trägt in der Edda einen völlig anderen Namen: Sie heißt in der nordischen Überlieferung durchweg Gudrun. Bezeichnet sind die immer wider kehrenden Motive wie Tapferkeit, Tod, Mord, Rache und Gier. Nicht weniger als 36 Protagonisten-Tode werden in der Lieder-Edda berichtet. Im Schlusslied sterben die letzten Vertreter der großen Sippe. Diese negative Einschätzung sowie die Lust am Mord teilt die Lieder-Edda mit dem Nibelungenlied. Das Lied Atlakvida (Lied von Atli) ist das älteste Lied der Überlieferung.

Völsungasaga: In Island um 1260 niedergeschrieben worden. Es ist die Prosa Umsetzung der Lieder-Edda, die sich mit dem Nibelungenstoff beschäftigt. Die Saga hat einen gewaltigen Überlieferungs- und Stoffgeschichtlichen Wert. Texte, die in der Lieder-Edda nicht überliefert sind, werden hier jedoch aufgeführt und Lücken werden geschlossen. Zum Beispiel wird die Herkunft Siegfrieds geklärt. Der Stoff ist teilweise viel älter als das Alter der Überlieferung, es wird also weit in der Vergangenheit zurückgegriffen.

Thidreksaga: Sie entstand in Norwegen um 1250 und erzählt in Prosa das Leben des Helden Dietrichs von Bern. Der Verfasser gibt an, die Erzählung sei „zusammengestellt nach der Erzählung deutscher Männer, teilweise nach ihren Liedern". Vorlage waren also offenbar niederdeutsche mündliche Quellen in Vers und in Prosa und die Vermittlung dieser Quellen ist klar: Bern war eine Hansestadt, die von Deutschen vielfach angefahren wurde. Die Vermittlung erfolgte somit mündlich durch gegenseitige Begegnung. Der Nibelungenstoff kommt in der gesamten Thidreksaga an äußerst unterschiedlichen Stellen vor.

Prosa-Edda: Auch die 'Snorra-Edda' genannt und wurde um 1220 in Norwegen niedergeschrieben. Mit dem Namen Edda ist die älteste Handschrift überschrieben, der Begriff ist bis heute jedoch ungeklärt. Fahrende Dichter, Berufsdichter, haben bestimmte poetische Maximen gehabt, deren man sich befleißigte. Diese wurden jedoch nicht niedergeschrieben, sondern weiter tradiert. In der Prosa-Edda liegt jedoch ein Lehrbuch für Dichter vor, die auf einen Dichter zurückgeht, der auch Historiker und Politiker war. Er verfasst für den norwegischen König und für einen Herzog eine Einführung in die norwegische Mortologie. Das zweite wichtige ist die Lehre von der Dichtung. Es ist eine Art Lehraufsatz, der über Stilmittel und dichterische Wortumschreibungen informiert. Er erklärt auch bestimmte Umschreibungen. Der dritte Teil ist ein Strophenverzeichnis, das für jede altnordische Strophenform ein Beispiel angibt. Einige Strophen sind ältere Strophen, andere hat der Dichter selbst geschrieben. In einiger dieser Lieder kommt als Strophenbeispiel der Nibelungenstoff vor.

Hauptabweichung der nordischen Tradition von der Tradition des Nibelungenlieds:

- <u>Figur Hagen:</u> In der Edda war Hagen der Bruder von Gunna, und damit der Bruder von Gudrun. Er lässt seinen jüngeren Brüder den Mord an Siegfried ausführen. Im Nibelungenlied ist Hagen kein Bruder der Könige, sondern ein Verwandter. Er ist der Großvasall und Hauptratgeber. Dazwischen steht die Thiedreksage: Hier ist Hagen ein von Dämonen gezeugter Halbbruder der Burgunden-Könige.
- <u>Verhältnis Brünhild + Siegfried:</u> Brünhild war mit ihm Intim, bevor er an den burgundischen Hof ging. Er verließ sie also, woraufhin Brünhild eifersüchtig wird. Im Nibelungenlied gibt es allerdings vage Andeutungen, die auf eine frühere Begegnung schließen lassen. Diese werden jedoch nicht weiter verdeutlicht.
- <u>Person Etzel:</u> In der Edda ist Etzel besitzgierig. Aus Besitzgier lädt er die Nibelungen an seinen Hof ein und lässt sie verräterisch umbringen. Gudrun dagegen warnt sie sogar. Negative Züge hat noch die Thiedreksage: Die treibende Rolle geht von Attli auf Krimehilt

über und im Nibelungenlied hat sich das Bild Etzels völlig verändert. Nicht er lädt die Burgunden ein, sondern es ist Kriemhilt. Bis vor dem Ende weiß er nicht, welches Spiel an seinem Hof gespielt wird. Er ist auch kein Mörder.

- Rolle der Rache: Aus der Rache am zweiten Gemahl für die Ermordung der Brüder von Kriemhilt ist im Nibelungenlied eine völlig anders motivierte Rache geworden, nämlich die Rache an den Brüdern für die Ermordung des ersten Gemahls. Die beiden Stofftraditionen gehen hier völlig auseinander. In der nordischen Tradition überlebt Gudrun und tötet sich am Ende selbst. Im Nibelungenlied überlebt nur Etzel und die Rächerin wird ermordet.

Vorgeschichte des Nibelungenlieds:

Brünhiltsaga (NL I)	Burgundensage (NL II)
Fränkisches Burnhildlied der 5./6.in Stabreimen (erschlossen aus der Edda und Völsungasage)	Fränkisches Burgundenlied 5 Jahrhundert in Stabreimen (erschlossen aus den Atliliedern der Edda)
Rheinisches Brünhildlied des 12. Jahrhunderts (erschlossen vor allem aus Thidreksaga)	Bayrisches Burgundenlied der Karolingerzeit in Stabreimen: Gatten-tritt vor Sippenbindung(Verchristlichung!)
	Österreichischer Burgundenepos: Die Ältere Not erschlossen vor allem aus Thidreksaga. Übergang vom Lied zum Schriftepos (Aufschwellung, neue Figuren)

Theorie Heuslers: Er meinte, nicht die Zusammensetzung von mehreren Liedern, sondern ein einziges, bzw. zwei Lieder seien so stark aufgeschwellt worden durch den Dichter, dass ein Epos daraus wurde. Also statt mehreren Liedern, die zu einem Epos verarbeitet wurden, nur wenige Lieder. So kommt Heuslers Stammbaum für das Doppel-Epos zustande. Es komme mit nur zwei Liedtexten aus. Heuslers Stammbaummodell gewann eine fast kanonische Geltung. Heute ist sicher, dass es möglicherweise eine Kombination von mehreren Liedern ist, die dem Nibelungenlied zugrunde liegt. Selbst nach dem 13 Jahrhundert gibt es getrennte Lieder über die Stoffteile des Nibelungenlied. Dies spricht gegen Heuslers-Theorie.

2.2.3 Leistungen und Grenzen des NL-Dichters

Leistungen:

Verknüpfung zweier Sagenkreise zu einem geschlossen Werk.

Der Dichter leistete enormes. Die Hauptleistung des anonymen Dichters ist einen germanischen = heroischen = heidnischen Stoff in die ritterlich-christliche-höfische Gesellschaft seiner Zeit zu übertragen und diesen uralten Stoff mit Problemen der aktuellen Zeit zu füllen. Die heroische Substanz bleibt bewahrt.

Formale Gestaltung auf der Höhe der Zeit

Er schaffte ein Vorbildtext für die ganze folgende Heldenepik. Der Stoff wurde höfisch geglättet und psychologisch verfeinert. Die Handlungen überzeugen den Leser bis heute. Ein nicht geringer Teil der Faszination des Nibelungenstoffs liegt an der monumentalen Gewalt dieses Ursprungtextes.

Grenzen:

Sagengeschichte und mündliche Nebenüberlieferungen hinterlassen äußere Widersprüche und Brüche, vor allem in der Darstellung Sifrits und Prünhilts und in der Rolle des Horts. Die Verschmelzung der disperaten, meist mündlichen Quellen, ist dem Dichter nicht fugenlos geglückt. Ebenso wenig die Harmonisierung der tragisch-archaischen Stoffs mit den höfischen Idealen seiner Epoche.

Viele Brüche verlieren indes durch die Vortragssituation an Brisanz – was der über den Gesamttext verfügende Leser im Detail als Inkonsequenz wahrnimmt, hatte der Hörer längst nicht mehr im Kopf.

Es ist die Prägnanz der Szenenvergegenwärtigung, die der Dichter anstrebt, und hinter der die Logik des ganzen verschwindet.

2.3 Die Überlieferung

Sie stellt die Voraussetzung für den gesicherten Text da. Doch wie hängen die verschiedenen Handschriften des Nibelungenlieds zusammen und welche steht dem Original am nächsten? Die Handschrift gibt Auskunft über die Rezeption eines Textes im Mittelalter. Doch es gibt Totalverluste und teilweise Verluste. Die Überlieferungszahlen geben also nur einen relativen Wert der Beliebtheit.

Vom Nibelungenlied gibt es 34 Handschriften. 11 davon sind mehr oder weniger vollständig. 9 von diesen 11 überliefern das Nibelungenlied in Verknüpfung mit der Klage, also einer Art Kommentar. Die chronologische Streuung der Handschriften reicht von 1220 bis um 1510. Das Nibelungenlied hat innerhalb der deutschen Literatur des Mittelalters eine relativ starke Resonanz gefunden. Kein Handschrift ist dabei einer anderen gleich. Der Text und der Inhalt verändern sich aber über die Zeit kaum. Jedoch verändern sich vielfach formale Inhalte und Sinngebungen. Man ordnet diese Handschriften daher auch verschiedenen Versionen des Nibelungenlieds zu.

Die Haupttextzeugen des Nibelungenlieds sind allesamt die Ältesten: A, B und C. A und B bilden eine Fassung, C repräsentiert eine andere. Die Fassungen werden nach dem letzten Wort des Textes benannt. Handschrift C galt als die älteste, sie wird um 1220-1230 datiert. Allerdings hat man im vergangenen Jahrzehnt herausgefunden, dass B und C enger aneinander liegen, als bisher vermutet. Fassung C ist trotz ihres Alters jünger als die Fassung A, B. Unverzichtbar für jede eingehendere Forschung sind dennoch gute Editionen.

2.3.2 Fassungen und Fassungsunterschiede

Fassung *B (Hs. A, B): A gilt als kürzere und schlechtere Handschrift. B gilt als gute Bearbeitung.

Fassung *C (Hs. C): Ist in 26 der 34 Handschriften überliefert. Sie war also die populärere Versionen. Sie hat den größten Umfang, und die Strophen erklären sich durch eine Bearbeitung, der es vor allem um eine Höfisierung ging:

(a) Formal: metrische Glättung, Modernisierung des Vokabulars.

(b) Konzeptionell: Eliminierung von Widersprüchen und bessere Handlungsmotivierung.

(c) Ideell: Deutung des ambivalenten Geschehens im Sinne zeitgemäßer christlich-höfischer Moral.

(d) Personell: Entlastung Kriemhilts auf Kosten Hagens.

C ist die einzige konsequente Umgestaltung des Nibelungenlieds. Man kann das auch deuten: Das Geschehen des Nibelungenlieds wirkte scheinbar so empörend, dass schon wenige Jahre, nachdem das Nibelungenlied 'erschienen' war, es schon zu einer Korrektur herausgefordert hat. Die Ereignisse werden bewertet und es gibt keine tragische Unausweichlichkeit mehr. Das veränderte Schlusswort der Notfassung setzt ein Inhalts-Resumée im Sinne der Schuld: Wer schuldig ist, wird bestraft werden.

2.3.3 Handschriftenverhältnisse und die (sinnlose) Frage nach dem 'Original'

Die Frage, welche Fassung den Autortext überliefert, beschäftigte die Germanistik seit der Entdeckung der Handschriften. Karl Lachmann tendierte zu A, Adolf Holtzmann zu C und Karl Bartsch zu Handschrift B. Vom Original kann jedoch keine Rede sein, wodurch auch die Rekonstruktion vergeblich ist. Man wird für das Nibelungenlied nie einen Stammbaum bekommen.

- Jede Handschrift repräsentiert eine eigene Fassung und es ist von der Kontamination sowohl verschiedener schriftlicher Texte, als auch schriftlicher und mündlicher Überlieferungen auszugehen.

- Die Suche nach dem Urtext widerspricht der Überlieferungstradition des Nibelungenlieds, denn jede Fassung und Handschrift besitzt ihre eigene produktions- und rezeptionsästhetische Dignität.

2.4 Einzelaspekte der Gestaltung, Themen und Schwerpunkte der Handlung

Die epische Exposition:

Die Hauptfigur Kriemhilt wird höfisch völlig idealisiert dargestellt. Ihre Schönheit reißt jedoch die höfische Welt in den Untergrund. Dies erfährt man schon in der 2. Strophe.

Die Brüder werden mit höfischen und ritterlichen Werten idealisiert . Doch auch hier gibt es eine Vorausdeutung: Der Streit zweier Damen wird hinzu kommen.

In Strophe 7 werden die Eltern vorgestellt, in deren Tradition sich die Söhne stellen. Strophe 8 bis 11 präsentieren wichtige Personen aus Burgund, die höfisch charakterisiert werden. Sie tragen zur Macht und dem Ansehen des Wormser Hofes bei.

Schließlich wird Kriemhilts Falkentraum beschrieben, der das Geschehen eröffnet. Träume haben immer prophetischen Wert und damit ist diese Szene eine in die Handlung integrierte Vorausdeutung. Der Falke steht immer für den Geliebten. Der Falke würde einst tödlich bedroht sein, so deutet die Mutter, und wenn Gott ihn nicht schütze, so würde Kriemhilt ihn verlieren. Kriemhilt wird bereits zu Anfang in der Rolle eingeführt, die sie später konstant spielen wird: Die Gattin und Frau. Liebe ist jedoch von vornherein mit Leid verbunden. Liebe ist als sich selbst erfüllende Freude im NL ausgeschlossen, denn sie wird zu Leid führen.

Exposition Sifrits von Xanten

Es kreuzen sich zwei Siegfried Bilder: Das völlig unhöfische Bild Siegfrieds und sehr viel später die Schilderung der Heldenjugend durch Hagen: Die Erzählung füllt die Lücke, die der Hinweis auf die kämpferischen Auseinandersetzungen Siegfrieds zu Beginn gibt. Siegfried nimmt den Nibelungen-Hort an sich, indem er die zwei Zwerge erschlägt, die sich darum gestritten hatten. Siegfried erhält in diesem Zusammenhang auch das Schwert Balmung. Dem dritten Zwerg kann Siegfried die Tarnkappe abnehmen. Diese macht unsichtbar und verleiht die Macht von 12 Männern. Später erschlägt Siegfried einen Drachen, badet in dessen Blut und wird unverwundbar. Dies alles gehört zu Hagens Erzählung. Nur von dem Lindenblatt erfährt man erst später.

Das Siegfried-Bild wird damit zweideutig und völlig ambivalent gestaltet. Der höfische Siegfried und der wilde Siegfried. Es ist nicht erstaunlich, dass dieser Siegfried genau diese Zweideutigkeit seines Charakters fortsetzt. Er will um Kriemhilt werben, fordert die Könige jedoch zum Kampf auf. Die beiden Bilder sind schlicht und einfach unvereinbar, der Dichter möchte sie nur so wenig wie möglich in Erscheinung treten lassen.

2.4.2 Nonverbale Kommunikation, Raumregie, Macht der Zeichen: Das Beispiel des Königinnenstreits

Die Szenen werden in einen fast bühnenartigen Raum eingebettet.

1. Stufe: Harmlos als Spiel im Spiel. Es findet ein ritterliches Turnier statt, bei dem die Königinnen nebeneinander sitzen. Als Gunther und Siegfried eingreifen loben sie ihre Männer und vergleichen sie auch. Kriemhilt stellt ihren eigenen Mann heraus, dem alle Reiche Untertan sein sollte. Brünhild lobt daraufhin ihren Mann. Doch sie möchte nun wissen, wie es um Siegfried steht. Entworfen ist hier eine doppelte Bühne: Das Turnier auf der ersten Bühne und zugleich die zweite Bühne mit Krimehilt und Brünhild. Man beobachtet die Beobachter.

2. Stufe: Steigerung und Eskalation. Schildert das Treffen der Königinnen am Wormser Münster. Die nonverbale Kommunikation gipfelt in Krimehilts Vortritt im Münster. Sie behauptet ihre Vorrang nicht nur im Wortstreit sondern macht ihn in aller Öffentlichkeit sichtbar. Der Streit steigert sich in extreme Gefühlsausbrüche. In der Kirche verdaut man das ganze und es schaukelt sich weiter hoch. Nach der Kirche geht der Streit in eine neue Runde und eskaliert weiter. Brünhild zeigt nun mit Gürtel und Ring, dass Brünhild ihre Jungfrauenschaft nicht an ihren Mann verloren habe. Stoffe

und Reichtümer spielen hier wieder eine Rolle. Brünhild weint, klagt trauert und zieht sich zurück. Das hat eine narrative Funktion, das Geschehen wird vergegenwärtigt, es soll gezeigt werden was passiert.

2.4.4 Figurenentwürfe und heroische Tragik: Das Beispiel Rüdigers von Bechelaren

Die Figur Rüdigers eignet sich besonders, um die Leistung des Nibelungen-Dichters zu zeigen. Denn Rüdiger ist stofflich sehr jung. Er war zwar zur Entstehungszeit bekannt, ist nicht so weit festgelegt wie die restlichen Figuren. Rüdiger konnte nach den Vorstellungen des Dichters gestaltet werden. Rüdiger wirbt für Etzel um Kriemhilt. Rüdiger gewinnt sie für die Ehe, indem er ihr einen Treueid leistet. Er schwört, alles Leid, das ihr je zugefügt wurde, zu rächen. Welche Mitverantwortung Rüdiger zukommt, wurde oft diskutiert. Kriemhilt bezieht das Leid auf vergangenes, Rüdiger meint jedoch zukünftiges Leid. Rüdiger ist die einzige positive Figur des Nibelungenlied: er ist Gastgeber, Freund und Verbündeter. Beim Durchzug der Burgunden verlobt er seine Tochter uf den Rat Hagens hin mit Giselher. Macht Hagen diesen Ehevorschlag ganz bewusst, um Rüdiger zu neutralisieren? Rüdiger wird dann später zum Prototyp heroischer Tragik: Es ist unausweichliche, ausweglose Tragik. Im blutigen Endkampf versucht Rüdiger zunächst neutral zu bleiben. Er versucht, alles um den Frieden wieder herzustellen. Doch er wird dazu gezwungen, sich für eine Seite zu entscheiden. Seine rechtlichen als auch formalen Bindungen bringen ihn in einen unlösbaren inneren und äußeren Konflikt. Seine Verwandtschaftsrechte und Geleitverpflichtungen verpflichten Rüdiger gegenüber der Burgunder, die Vasallitätspflicht und der Eid verpflichten ihn jedoch gegenüber Etzel und Kriemhilt. Wofür er sich auch entscheidet, er wird schuldig. Er wird diese Schuld auch nicht wieder bereinigen können. Solche ausweglosen Situationen nennt man tragisch.

Der gegenseitige Mord am Ende zeigt, dass keiner der beiden im Recht war bzw. beide gleich viel Recht hatten.

2.4.5 Die Omnipräsenz der Katastrophe: Vorausdeutungen – Träume – Prophezeiungen - Warnungen

Vorausdeutungen des Erzählers: Selbst wenn der Erzähler weitestgehend zurücktritt gibt er dem Leser dennoch zu verstehen, dass der katastrophale Ausgang unausweichlich ist. Er erzeugt eine

Kausalspannung: Der Leser weiß, was passiert, aber er möchte auch wissen, wie es passiert.

Im Nibelungenlied lassen sich zwei Arten von Vorausdeutungen unterscheiden:

<u>Parabatischen Vorausetungen</u>: Der Autor tritt in die Rolle des allwissenden Erzähler und weist auf zukünftiges Geschehen hin. Er greift also in das Geschehen ein.

Des weiteren gibt es <u>Warnungen, Prophezeiungen und Träume</u>, die von den Gestalten selbst ausgehen und somit innerhalb der Handlungsebene stattfinden.

Fast alle Vorausdeutungen sind Warnungen. Im 1. Teil nehmen sie Sifrits Tod vorweg und im 2. Teil den Nibelungenuntergang. Neben die Träume tritt die menschliche Vernunft, die Gefahren im Vorfeld ahnen oder erkennen lässt. Es ist die Tragik des Geschehens, das gerade die vernünftigen Warnungen, die einen Ausweg möglich machen, nicht gehört werden von diesen, bei denen sie ankommen sollten. Entweder wird auf Warnungen gar nicht reagiert oder die Gewarnten reagieren kontraproduktiv. Aus diesem Komplex von Vorausdeutungen sieht man, wie wichtig und problematisch Hagens für die Deutung des Nibelungenlieds ist. Es ist eine finstere Figur und zugleich die interessanteste Figur des Geschehens.

2.5 Das Nibelungenlied und die höfische Dichtung um 1220: Höfisches Ideal gegen zeitlose Skepsis

Das Nibelungenlied ist Zeitgenosse einer großen Epoche. Es ist teil einer literarischen Gesamtsituation und muss im Rahmen dieser Situation bewerten werden. Das Nibelungenlied bietet ein Anti-Bild zu dem Bild, das wir heute von höfischer Kultur haben. Vor dem Hintergrund, dass die Artus Romane vermitteln, wirkt das Nibelungenlied fremd. Denn es geht über alles weit hinaus und keines der Werke dieser Zeit schildert so genau den Untergang einer höfischen Welt. Die Burgunden gehen dabei an den eigenen Werten und Widersprüchen zu Grunde.

<u>Kann man das Nibelungenlied als Teil der höfischen Literatur betrachten?</u> Feine Kultiviertheit herrscht nicht nur in der Form des Nibelungenlied und die Exposition am Anfang zeigt einen wohl geformten Hof mit Macht und militärischer Struktur. Sifirt wird zwar höfisch eingeführt, jedoch wird auch an seine heroische Vergangenheit erinnert. Und Brünhilt residiert im fernen Island mit Kampfspielen, wird jedoch später in Burgund gebändigt.

Die Figuren Handeln also nicht höfisch. Vielmehr geht es dem Dichter um Skepsis und

Desillusionierung. Trotz aller teilhabe am höfischen Leben und dem Erzählstil ist das Nibelungenlied keine höfische Dichtung. Das Welt- und Menschenbild im Nibelungenlied ist nämlich nicht höfisch, sondern tragisch. Die Menschen machen Geschichte im Nibelungenlied, nicht das Schicksal. Im Nibelungenlied spricht man von der Untergangsstruktur, diese hat Täter, wie sie auch Opfer hat. Die Untergangsstruktur ist verschuldet. Die christliche Religion und Werte sind nur äußerer Schein, es spielen keine Rolle. Das Nibelungenlied ist ein Hohelied auf die Gemeinschaft, diese endet jedoch nicht in einem Fest, sondern die Gemeinschaftsbindung endet im gemeinsamen Tod. So werden letztlich alle höfischen Werte im Handlungsverlauf ausgetestet und halten dabei nicht stand. Ritterliches Verhalten dauert nur so lange, wie es nicht mit anderen Interessen kollidiert. Höfische Ideale halten nur so lange, wie sie nicht geprüft werden.

Die Intention des Dichters: Gewiss ging es dem Dichter um eine aktuelle Zeitdiagnose. Das Nibelungenlied ist kein reiner Zeitdokument, vielmehr erhebt es Anspruch auf Zeitlosigkeit. Ethischen Grundlagen sind nur Fassade, hinter der sich das eigentliche Gesicht versteckt und dieses sinnt auf Macht und Rache. Kultiviertheit ist nur Fassade.

BEI GRIN MACHT SICH IHR WISSEN BEZAHLT

- Wir veröffentlichen Ihre Hausarbeit,
  Bachelor- und Masterarbeit

- Ihr eigenes eBook und Buch -
  weltweit in allen wichtigen Shops

- Verdienen Sie an jedem Verkauf

Jetzt bei www.GRIN.com hochladen und kostenlos publizieren